LES MULTIPLIANTS,

ÉPISODE DE L'HISTOIRE DE MONTPELLIER.

1721-1723.

PAR M. A. GERMAIN,

PROFESSEUR D'HISTOIRE A LA FACULTÉ DES LETTRES DE MONTPELLIER.

BORDEAUX,

Imprimerie de **BALARAC** jeune, rue du Temple, 7.

—

1845.

LES MULTIPLIANTS,

ÉPISODE DE L'HISTOIRE DE MONTPELLIER.

1721-1723.

Cassiodore a dit un mot très-vrai : « Nous ne pouvons, a-t-il dit, commander la religion, attendu que personne n'est forcé à croire malgré soi[1]. » Il n'y a rien de libre, en effet, il n'y a rien de volontaire comme la religion[2], car il n'y a rien de plus grand que la religion[3]. Aussi, quoi qu'on fasse, on n'obtiendra jamais qu'un homme se soumette à un culte qu'il n'aime pas. On confisquera bien peut-être les autres libertés; mais on ne confisquera jamais, du moins d'une manière durable, la liberté religieuse; car la liberté religieuse, de même que Dieu, ne relève d'aucun pouvoir humain. Les apologistes et les pères de l'Église étaient convaincus de cette vérité, quand ils prêchaient si hautement la tolérance. Ouvrez-les tous, et

[1] *Religionem imperare non possumus, quia nemo cogitur ut credat invitus.* Cassiod., variar., II, 27.

[2] *Nihil tam voluntarium quam religio, in qua si animus sacrificantis aversus est, jam sublata, jam nulla est.* Lactant., instit., V. 20.

[3] *Nihil majus est religione.* Ambros., epist. 17, ad Valent.

vous les verrez tous recommander de concert la charité à l'égard des dissidents. Il n'appartient pas à la religion de forcer la religion, dit quelque part Tertullien; on doit embrasser la religion de soi-même et non par contrainte[1]. Il faut défendre la religion, ajoute Lactance, non par le meurtre, mais par la persuasion; non par le châtiment, mais par la patience; non par le crime, mais par la foi. Si vous entreprenez de la défendre par le sang, par les tortures, au lieu de la défendre vous la souillez et vous la violez[2]. Que l'on consulte saint Clément d'Alexandrie, saint Hilaire de Poitiers, saint Grégoire de Nysse, saint Grégoire de Nazianze, saint Bernard, partout même langage. Il en est de la sphère religieuse comme de la sphère politique; dans l'une comme dans l'autre, la liberté est ancienne, selon l'expression de Mme de Staël, c'est le despotisme qui est nouveau. Comment une religion de paix et de fraternité pourrait-elle prêcher l'intolérance[3] ?

Néanmoins, l'intolérance a régné plus d'une fois dans les états chrétiens. Louis XIV, par exemple, s'imaginant que l'unité politique serait plus forte dans son royaume si elle s'appuyait sur l'unité religieuse, a entrepris, il y a bientôt deux siècles, de faire de la France une monarchie exclusivement catholique, comme Élisabeth, avant lui,

[1] *Non est religionis cogere religionem, quæ sponte suscipi debet, non vi.* Tertull., ad Scapul.

[2] *Defendenda religio est non occidendo, sed monendo, non sævitia, sed patientia, non scelere, sed fide. Illa enim malorum sunt, hæc bonorum; nam si sanguine, si tormentis, si malo religionem defendere velis, jam non defendetur illa, sed polluetur et violabitur.* Lact., loc. cit.

[3] L'intolérance quant aux personnes; car pour ce qui est de la doctrine, une religion vraie est nécessairement intolérante. La vérité ne transige pas avec l'erreur. Ceci revient à la pensée de saint Jérôme : *Neque enim hominum, sed erroris inimicus sum.*

avait fait de l'Angleterre une monarchie protestante. Élisabeth s'était efforcée d'anéantir le catholicisme dans la Grande-Bretagne ; il a mis tout en œuvre pour anéantir en France le protestantisme. De là cette persécution systématique dont les calvinistes ont si long-temps ressenti les rigueurs. De là cette suite d'édits et d'arrêts de toute espèce qui, à partir de 1669, étonnent par leur désolante uniformité, et où l'œil de la critique a pu démêler un plan et reconnaître un ensemble. Louis XIV a été un roi essentiellement administrateur : la révocation de l'édit de Nantes, avec toutes les circonstances qui l'accompagnent, est due à son génie administratif, génie dur et hautain, qui ne reculait pas devant la prétention de régenter l'Église comme il régentait les finances ou l'armée. Il dicta des lois aux protestants, comme il en dictait aux jansénistes, comme il en dictait aux catholiques et au pape lui-même. On se rappelle les quatre articles de 1682, les vexations dont Port-Royal eut tant à souffrir, et les excuses qu'Alexandre VII fut obligé d'envoyer faire.

Mais on ne régente pas les consciences comme on régente la soldatesque. Aussi le despotisme de Louis XIV produisit-il en somme beaucoup de mal. Il priva la France d'une portion notable de ses habitants et de ses richesses, et cimenta contre nous l'alliance de l'Angleterre et de la Hollande. Il ne réussit nullement à rétablir l'unité religieuse, ou la rétablit d'une manière fictive ; et le grand roi fut obligé, à la fin, de traiter avec les Camisards des Cevennes.

Ces Camisards étaient de bien embarrassants et de bien redoutables adversaires. Ils ne maniaient pas seulement les armes ; ils maniaient aussi la parole, la parole sainte, la parole divine. L'inspiration prophétique a fait parmi eux plus d'un martyr. On n'a pas assez tenu compte de la part que cette inspiration a eue aux troubles des Cevennes. On a vu dans les Camisards des paysans révoltés, des montagnards fanatiques, et on a négligé de rechercher la cause qui a si long-temps soutenu leur révolte, qui a rendu leur fanatisme si opiniâtre. Il y avait à ce propos pourtant bien des faits curieux à indiquer. Un ancien prieur de Bernis, l'abbé Valette, ajoutant aux recherches de Brueys, a composé, avec ces faits, une histoire extrêmement piquante [1]. Brousson lui-même, le grand apôtre du protestantisme dans nos contrées, à la fin du dix-septième siècle, a été dupe des chimères des prétendus prophètes. Il regardait ces chimères comme autant de *signes dans la maison d'Israël*, et, pendant le cours de ses missions, il n'a pas craint de recueillir les rêves les plus extravagants. Le fameux Cavalier était à la fois chef de bande et prophète; il a confessé quelque part être demeuré, dans certaine circonstance, durant trois fois vingt-quatre heures, sous l'opération de l'Esprit, sans boire, ni manger, ni dormir.

Mon dessein n'est pas d'étudier ici le rôle des prétendus prophètes dans la guerre des Cevennes. Peut-être réunirai-je plus tard, pour en former un mémoire, les détails les plus caractéristiques relatifs à ce rôle. Je me propose, aujourd'hui, d'attirer l'attention sur un fait singulier, sur une secte du dix-huitième siècle, qui me paraît avoir été comme un retentissement de l'inspiration des prétendus prophètes. Il s'agit d'un procès curieux, dont le dossier existe aux archives de la préfecture de l'Hérault, et dont

[1] Cet ouvrage, qui est encore inédit, et dont j'ai cité quelques fragments dans le second volume de mon *Histoire de l'Église de Nimes*, se trouve parmi les manuscrits de la Bibliothèque de la ville de Nimes (n° 13,848 du catalogue, 2 vol. in-4°). Je n'ai pas renoncé au projet de le publier un jour.

aucun historien jusqu'ici, excepté Degrefeuille, n'a parlé. M. Coquerel, dans son excellent travail sur les *Églises du Désert*, y a à peine fait allusion [1]. Encore serait-il vrai de dire que Degrefeuille, selon son habitude, a défiguré les documents. Exact pour le fond, il a cru avoir le droit de refaire les textes, de transposer et de supprimer à sa guise, et il est sorti de cette contrefaçon quelque chose d'informe qui jure avec les originaux. L'histoire a d'autres exigences : l'honnête chanoine le reconnaîtrait sans doute, s'il écrivait de nos jours ; car il n'est pas probable qu'il ait voulu, par sa méthode, lutter de bizarrerie avec le sujet.

Le sujet est en effet des plus bizarres, et il faut savoir jusqu'où peut aller l'extravagance de certaines sectes pour ne pas être tenté de regarder le procès dont il s'agit comme une fable inventée à plaisir. Si, pour mon compte, je n'en avais eu entre les mains et vu de mes yeux les pièces authentiques, j'aurais, je l'avoue, de la peine à croire qu'une folie aussi grossière ait pu se produire dans un pays civilisé, dans une ville de France, en plein dix-huitième siècle. On chercherait vainement au milieu de la barbarie du moyen-âge une apparition plus grotesque et plus fantastique. Voici le fait.

En l'an de grâce 1723, M. de Bernage, qui avait remplacé M. de Basville dans les fonctions alors très-pénibles d'intendant du Languedoc, venait d'arriver à Nimes pour l'assemblée des états de la province, lorsqu'il eut avis qu'il se tenait à Montpellier, contrairement aux lois, des réu-

[1] En mentionnant, d'après un mémoire d'Antoine Court, Jean Vesson comme étant devenu « le chef de la plus extravagante secte que l'esprit humain ait peut-être jamais enfantée. » *Histoire des Églises du Désert*, I, 56.

nions de religionnaires. On lui désignait le quartier, la rue, la maison où ces réunions avaient lieu. C'était, disait-on, dans le quartier du Petit-Saint-Jean, dans une rue qui allait du Puits-du-Temple à la Triperie, dans une maison habitée par une *damoiselle* Verchand. Là se faisaient, à certains jours et à certaines heures, le prêche et la prière; et les gens, hommes ou femmes, qui y prenaient part, entraient le samedi de chaque semaine, et ne sortaient que le lundi : ils entraient un à un, et sortaient par petits groupes. Cela durait depuis quelque temps déjà; on avait entendu comme des voix de prédicants et comme un chant de cantiques.

Les indications étaient précises; il n'y avait guère moyen de méconnaître le caractère de ces réunions. Il s'agissait d'assemblées religieuses illicites. Or, de telles assemblées étaient punissables. Le gouvernement de Louis XV, après s'être d'abord désisté, par philanthropie, des rigueurs de Louis XIV, était revenu, par politique, aux mesures violentes, et poursuivait l'application des anciens édits. M. de Bernage lui-même avait déjà fait condamner aux galères un certain nombre de religionnaires surpris en flagrant délit d'assemblées[1]. Il avait, en 1720 notamment, fait faire le procès à cinquante-quatre nouveaux convertis, arrêtés dans une caverne des environs de Nimes, dite *la baume des fades*, et dont le seul crime était d'avoir essayé

[1] On conserve aux archives de la préfecture de Montpellier (ancien dépôt de l'Intendance), 1° un jugement du 11 mars 1719, qui condamne aux galères Jacques Combes, dit *Langely*, et Pierre Ducros, dit *Alary*, pour avoir assisté à des assemblées; 2° un jugement du 12 décembre de la même année, qui condamne à la même peine Pierre Rouvière, accusé d'avoir fait les fonctions de prédicant; 3° un jugement du 21 novembre 1722, renfermant une condamnation semblable, pour le compte d'Étienne Caulet.

de célébrer la nuit un culte persécuté pendant le jour[1]. Ce qui était puni à Nimes et dans tout le reste de la province ne pouvait être toléré à Montpellier. Montpellier servait de résidence ordinaire à l'intendant, et, les catholiques s'y trouvant plus forts que dans beaucoup d'autres localités, on devait s'attacher à y affermir le règne de la loi. M. de Bernage se promit donc de sévir contre les coupables du quartier du Petit-Saint-Jean; mais en même temps, comme l'affaire pouvait avoir quelque gravité, il jugea prudent d'attendre la fin des états « pour mieux approfondir les circonstances », et voir par lui-même de quelle nature étaient les assemblées en question.

Les états finirent le 3 mars, et M. de Bernage revint immédiatement à Montpellier avec le duc de Roquelaure, qui commandait la province[2]. Le 6 mars, vers dix heures du matin, on avertit ce dernier que les voisins de la *damoiselle* Verchand entendaient réciter dans sa maison des prières étranges. C'était un samedi ; les sectaires, familiarisés avec l'impunité, ne se contraignaient plus; ils avaient osé demander à M. de Roquelaure, environ trois mois auparavant, l'autorisation d'entreprendre une procession publique pour la prospérité du roi et du royaume, et le commandant s'était contenté de les renvoyer à l'évêque. Ils n'avaient pas, on le devine, donné suite à cette demande; mais le peu de cas qu'on avait paru en faire et la tolérance implicite dont on les avait laissé jouir les avaient enhardis. Ils s'assemblaient moins timidement, parlaient haut,

[1] Voir, aux mêmes archives, les pièces de cette procédure, au milieu de plusieurs autres dossiers du même genre et de la même époque.

[2] Le duc de Roquelaure avait remplacé, en 1706, le duc de Berwick dans le commandement de la province, de même que M. de Bernage avait remplacé, en 1718, M. de Basville en qualité d'intendant.

chantaient, et ils ne voyaient pas qu'on les épiait de peur de frapper à faux. Il est vraisemblable, quoique rien dans la procédure ne le dise d'une manière formelle, que le duc de Roquelaure avait pris ses renseignements, et qu'il guettait, de concert avec M. de Bernage, l'occasion d'agir, lorsqu'on vint lui révéler l'existence d'une réunion chez la *damoiselle* Verchand. Ce qui porterait à le croire, c'est qu'il donna ordre aussitôt à un sieur Trinquierre, lieutenant de la maréchaussée, de se transporter avec une escorte à la maison désignée, et de conduire à la citadelle tous ceux qu'il y rencontrerait. En même temps, l'intendant chargeait son subdélégué d'aller reconnaître la disposition des lieux, de ramasser les livres et les papiers, et de dresser du tout procès-verbal. Ces divers ordres furent exécutés avec bonheur et précision. On trouva dans la maison de la *damoiselle* Verchand treize personnes assemblées, dont six hommes et un jeune garçon, et six femmes, y compris la maîtresse du logis et sa fille. Mais une chose frappa surtout les agents de l'autorité : ce fut la prodigieuse étrangeté de ce monde. Dès qu'on eut enfoncé les portes, on vit tout d'abord apparaître un personnage vêtu d'une aube, à la manière de nos prêtres, sur laquelle tombait par devant, en forme d'étole, un ruban orné de feuilles de laurier. Aux deux bouts de ce ruban étaient suspendues des espèces de tables de la loi, inscrites dans un petit cadre doré, de menus flageolets de bois et quelques pancartes contenant des prières d'un style extravagant. Ce singulier personnage portait sur sa tête une couronne de papier doré, enrichie de douze aigrettes de verre, et à la main un grand jonc garni de laurier et de rubans de différentes couleurs, au haut duquel pendait une sorte d'étendard en taffetas rouge, bleu, blanc et vert, accompagné de plusieurs lambeaux de mauvais sermons, de quelques fleurs-de-lis, et de certain griffonnage ayant forme de billets[1].

A cette grotesque apparition, le lieutenant de la maréchaussée demeura comme hors de lui ; il en croyait à peine ses yeux. Il allait procéder à l'arrestation de ce premier délinquant, lorsque dans une chambre voisine, attenante à la pièce d'entrée où il était, il aperçut deux autres hommes vêtus d'un costume semblable et parés des mêmes attributs. Ils sortaient de dessous deux espèces de pyramides assez mesquines, formées de quatre roseaux, recouverts de certain papier, sur lequel on lisait de grands sermons analogues pour l'extravagance aux fragments de l'étendard déjà mentionné. Ces deux hommes remplissaient, selon toute apparence, des fonctions pareilles à celles du premier ; et on ne tarda pas à s'en convaincre quand on vit une troisième pyramide inhabitée. Quelles étaient ces fonctions ? On ne le savait pas encore. Ces deux hommes furent également arrêtés. Il s'en présenta un quatrième, vêtu à la manière des paysans, d'un habit gris-brun à petit collet ; il portait un bâton surmonté d'un rond de carton entouré de laurier et contenant de chaque côté une inscription en gros caractères. Un cinquième, habillé comme celui-ci, s'avança, une Bible ouverte entre les mains, et en marchant à genoux, au devant de l'officier. Il ne pouvait plus

[1] Tous ces détails et les suivants sont empruntés à des mémoires authentiques dont la minute est aux archives de la préfecture de l'Hérault. Ces mémoires, comme toutes les pièces citées plus bas, sont annexés à la procédure de Jean Vesson et autres, condamnés par jugement du 22 novembre 1723. Les personnes qui désireraient en prendre connaissance les trouveront dans la liasse cotée n° 5, *Religion, Jugements*, dans l'inventaire général des archives de l'intendance de Languedoc, dressé en 1787.

y avoir de doute sur le but de l'assemblée ; il s'agissait évidemment de religion. On en acquit une nouvelle preuve en voyant un jeune garçon , les jambes et les bras nus , auquel on venait de laver les pieds et la tête. Quant aux femmes, l'une d'elles, ou plutôt deux d'entre elles , étaient aussi couvertes d'une aube ; car la fille de la *damoiselle* Verchand, bien qu'elle n'eût guère que onze ou douze ans, portait également ce costume , et elle avait en outre un bonnet de moire d'argent, bordé de taffetas blanc et surmonté d'une aigrette.

Toutes ces personnes, au nombre de treize [1], comme nous l'avons dit , furent conduites dans les prisons de la citadelle. Elles traversèrent la ville avec leur bizarre accoutrement. Quoique l'on fût en carême, et que les joies bruyantes fussent prohibées , les habitants crurent voir d'abord une bande de masques surpris dans l'orgie , et la stupéfaction fut à son comble, quand le public, après le départ des envoyés du général et de l'intendant , put être admis à visiter les lieux. Qu'on se représente un premier étage , composé de trois pièces inégales, à la suite l'une de l'autre, et donnant sur la rue. La maison est de chétive apparence ;

[1] N'y avait-il réellement que treize personnes dans la maison Verchand, ou bien les autres s'étaient-elles sauvées par le toit , comme l'avance Degrefeuille ? C'est ce que je n'ai pu éclaircir, eu égard au silence des documents. Je ne serais pas éloigné d'admettre une évasion , d'autant plus qu'il résulte des interrogatoires que les jours d'assemblée il venait régulièrement une cinquantaine de sectaires. Or , le jour de l'arrestation était précisément un jour d'assemblée , un samedi. Il ne me paraît pas impossible que la peur eût suggéré au plus grand nombre l'idée de prendre la fuite, et que les dignitaires, qui devaient être les plus fervents, et par suite les plus courageux , fussent seuls restés à attendre l'événement. Le temps qu'il fallut pour enfoncer la porte d'en bas suffirait pour expliquer l'évasion , à moins qu'on n'aime mieux supposer que, la réunion venant de commencer, les membres de la secte n'étaient pas encore tous présents.

une étroite allée lui sert de vestibule. Le plan annexé aux procès-verbaux des archives se rapproche du type de ces vieux manoirs enfumés, bâtis dans les derniers temps du moyen-âge, et que les goûts raffinés du dix-huitième siècle commençaient déjà à trouver bons tout au plus pour la classe inférieure. La première pièce, la plus grande des trois, renfermait des bancs et des matelas ; on lisait derrière la porte, sur un écriteau en lettres rouges, une ordonnance qui prescrivait de par Dieu à quiconque entrerait de se laisser fouiller. La pièce suivante communiquait avec celle-ci par une ouverture pratiquée à la cloison, de telle sorte que les deux n'en faisaient, pour ainsi dire, qu'une seule : on pouvait voir et entendre dans l'une ce qui se passait dans l'autre. Cette seconde salle était comme le sanctuaire du temple ; les gens de la secte, dans leur jargon mystérieux, l'appelaient *le Résidu*, et ils avaient mis à contribution, pour l'orner, toutes les ressources de leur fanatisme en délire. A sept pieds de hauteur [1], et tout autour régnait un cordon de fleurs-de-lis de papier doré. Un grand drap blanc recouvrait le plafond, et sur ce drap brillaient des étoiles également en papier doré, avec quatre autres fleurs-de-lis à couronne, disposées de manière à former un carré. Au milieu de ce carré, un cercle de nouvelles fleurs-de-lis enveloppait trois inscriptions, et à chacun des angles de ce même carré se trouvait un autre cercle de fleurs-de-lis contenant aussi des inscriptions. Le tout était bordé par un dernier rang de fleurs-de-lis qui rasait les quatre murs en ligne droite, et qu'accompagnait dans

[1] Les procès-verbaux disent sept pieds, et je me suis gardé de traduire, de peur de faire disparaître par l'évaluation décimale ce qu'il peut y avoir de symbolique dans le nombre sept.

toute sa longueur une immense inscription. Une lampe à sept becs ou à sept branches descendait du centre de ce plafond ainsi historié. On comptait, dans cette seconde salle, trente-six chaises peintes de différentes couleurs, et portant chacune un numéro avec le nom de la personne qui avait coutume de s'y asseoir. Nous aurons à noter plus tard que plusieurs de ces noms, si ce n'est tous, étaient faux ou figurés. On y remarquait aussi, appendus à la muraille, deux cadres dorés, renfermant, avec la figure de Moïse et un dessin des tables de l'ancienne loi, des exhortations plus ou moins bizarres. On y admirait en outre les trois pavillons, en forme de pyramides, déjà mentionnés. Ils avaient environ sept pieds de haut et laissaient voir, comme nous l'avons dit, sur une enveloppe de papier qui les recouvrait dans presque toute leur étendue, des fragments de mauvais sermons ; chacun de ces pavillons était surmonté d'un drapeau ou d'une enseigne de carton écrit, et ouvert sur l'une des faces, à la hauteur de trois pieds, pour donner passage à la personne qui s'y tenait. Celui du milieu apparaissait de plus orné d'étoiles, de fleurs-de-lis et de morceaux de taffetas gris, blanc, vert, bleu et rouge. On lisait sur l'enseigne qui en occupait la pointe : « C'est icy le pavillon du roy des rois. » Sous ce pavillon, comme sous les deux autres, était la place d'un des trois hommes dont nous avons décrit le costume, et qui s'intitulaient les mages ou les sacrificateurs. Ajoutons, pour compléter l'ameublement de la seconde salle, qu'à l'un des coins on voyait deux tambours[1] avec plusieurs trompettes, et non loin de là un arbuste, un laurier dans un vase de terre. Dans un autre

[1] Deux tambours de la grandeur de ceux des dragons, disent les procès-verbaux.

coin s'élevait une chaire en bois de noyer très-propre et bien sculptée, garnie d'un drap vert à franges parsemé de fleurs-de-lis de papier doré. Sur cette chaire se remarquait la date 1722, indiquant l'année de la fondation du nouveau temple. Enfin on distinguait encore dans cette seconde pièce un bassin qui servait à laver la tête et les pieds des récipiendaires, et une perche représentant sans doute un bourdon de pélerin, avec un sac au bout, destiné à mettre une bible, autour duquel pendaient plusieurs pains, des bouteilles d'eau-de-vie, des pommes et des noix.

Tel était l'ameublement de la seconde salle. Quant à la troisième pièce, beaucoup plus petite que les deux autres, elle renfermait quantité de cannes de roseau, ornées, selon un procès-verbal, de rubans de paille. Il est difficile de se figurer la stupéfaction et l'hilarité du peuple à l'aspect de toutes ces choses. Il n'en comprenait encore ni le sens ni la valeur : il n'y trouvait que matière à plaisanterie. Et cependant la foule, de plus en plus compacte, obstruait les abords de la mystérieuse maison. Maints bruits circulaient, maints propos divers avaient cours. Les voisins racontaient que depuis long-temps on voyait entrer chez la *damoiselle* Verchand nombre de femmes étrangères, qui, à leur costume et à leur patois, paraissaient être des Cevennes ou de la Vaunage ; que le concours des visiteurs était surtout grand le samedi ; et qu'après avoir passé ensemble toute la journée du dimanche, ils sortaient le lundi matin. Quelques-uns prétendaient avoir entendu prêcher ; d'autres disaient avoir aperçu, au moyen de trous pratiqués à la muraille, des cérémonies singulières qui se prolongeaient bien avant dans la nuit ; après quoi on éteignait les lampes, et chacun dormait où il se trouvait. On conçoit tout de suite quelles idées pouvait faire naître cette dernière circonstance. De là le nom de *Multipliants*, qui fut donné aux adeptes de la nouvelle secte montpelliéraine, et qui est demeuré et demeure encore à la rue où ils tenaient leurs assemblées. Ce nom a-t-il été mérité ? Je ne le pense pas. Il faut en général se méfier de ces sortes d'accusations. Parmi tous les originaux de nos archives, je n'ai rencontré aucun document qui établisse le moins du monde la vérité du reproche. Quoiqu'on ait écrit un livre sur les *amours des prophètes des Cevennes*[1], quoique l'abbé Valette, dans son histoire des mêmes prophètes, attaque l'immoralité de certaines réunions, il importe de se rappeler que pareille accusation a été lancée d'une manière toute gratuite contre les premiers chrétiens et les premiers protestants.

Je ne m'arrêterai pas à discuter ici une assertion dénuée de preuves, et basée vraisemblablement sur la malveillance. J'accepte le nom sans admettre le fait. Je veux surtout m'expliquer le sens de cette bizarre apparition; je veux me rendre compte de ce que signifient l'ameublement de la maison Verchand, les pratiques, les cérémonies, les doctrines, s'il y en a, de la secte de Montpellier; je veux savoir à quoi cette secte se rattache, à quel système religieux elle appartient. Pour cela, il y a deux choses à faire : examiner, d'une part, quels étaient et d'où venaient les personnages que nous mettons en scène, et de l'autre

[1] Ce livre, qui est inédit, se trouve à la bibliothèque de Nimes (nº 15,849 du catalogue). Il corrobore certaines accusations émises par l'abbé Valette, dans son histoire également inédite, relativement aux mœurs des prétendus prophètes. On savait déjà que les prophètes n'étaient pas en général de saintes gens ; mais aucun document ne l'avait montré comme ces deux ouvrages.

analyser les écrits[1] où sont contenues les idées des Multipliants. Cette double étude peut seule répandre un peu de jour sur l'événement en question.

Un fait constate tout d'abord l'origine des Multipliants : c'est que la *damoiselle* Verchand, chez laquelle se rassemblaient les nouveaux sectaires, donnait depuis long-temps dans un grossier fanatisme. Elle prétendit, lors de son interrogatoire, avoir eu, deux ou trois ans auparavant, dans certain endroit des Cevennes, où elle alla, dit-elle, par le conseil d'une femme de Saint-André-de-Valborgne, une vision extraordinaire. Elle vit, entre dix et onze heures du matin, le ciel s'ouvrir, et apparaître une chaire blanche, une chaire de prédicateur, renfermant un homme vêtu de blanc. A l'un des côtés de cet homme, un ange sonnait de la trompette, et de l'autre côté un second ange tenait deux rameaux de laurier dans ses mains. Cet homme blanc représentait Dieu, du moins elle le crut ainsi ; Dieu lui-même, sous une forme humaine, se manifestait à elle pour lui annoncer la vérité. La miraculeuse apparition frappa vivement son esprit, et la disposa

[1] Ces écrits ne sont pas aussi nombreux qu'on le souhaiterait, soit que les Multipliants, familiarisés avec l'inspiration, aient préféré l'enseignement oral à la rédaction de traités spéciaux, toujours difficile pour des hommes peu lettrés, soit que ces traités, s'ils ont existé, ne nous soient pas parvenus. Il est à croire que beaucoup de documens se sont égarés. Une lettre de M. de Bernage à M. de la Vrillière, datée du 14 avril 1723, parle des papiers de cette affaire comme produisant *d'immenses volumes d'écritures,* expression que le dossier de nos archives est loin de justifier.

à recevoir comme les envoyés de Dieu deux frères, Antoine et André Comte, qui, vers la fin de 1721, vinrent de Lunel se présenter dans sa maison en qualité de locataires. Alors et avec eux elle commença à organiser une secte. Quelques mois après, un jeune homme de vingt-huit ans, Bonissel, surnommé Galantiny, et natif du Pont-de-Montvert, se fit admettre dans la même maison. On ne sait pas au juste ses antécédents [1]; mais tous les documents nous le montrent profondément imbu de ce fanatisme montagnard qui, depuis le meurtre de l'abbé du Chayla, n'avait cessé d'agiter son pays. Enthousiaste à la manière des prétendus prophètes, Bonissel était doué d'une conviction ardente; il possédait au suprême degré la force d'âme qui caractérise les sectaires : on a de lui une exposition du système où se révèlent une ignorance et une crédulité des plus robustes. Son admission en détermina sans doute beaucoup d'autres; car elle était de nature à faire un succès, et elle ressemblait déjà elle-même à une conquête. Mais ce fut à l'arrivée du prédicant Vesson [2], surtout, que les Multipliants durent leur prospérité. Ce n'est pas que ce Vesson fût un homme éminent par la science; bien loin de là : illettré comme la plupart des ministres d'alors, il exerçait pour vivre le métier de ton-

[1] Selon Degrefeuille, Bonissel était un ancien clerc tonsuré; il avait été envoyé à Montpellier pour y faire ses études, et il y avait porté le petit collet; mais ayant ensuite connu la religion des enfants de Dieu, il l'avait embrassée, et la prêchait sous le nom de Jacob. J'ignore où le bon chanoine a puisé ces renseignements. Il m'a été impossible de les contrôler par les indications des archives, et partant j'ai cru devoir les passer sous silence.

[2] La minute d'une lettre de M. de Bernage à M. de la Vrillière (25 avril 1723) établit que tel était le nom de ce prédicant; mais « on le connaissoit, dit-elle, sous le nom de Besson, par la prononciation ordinaire du pays. » Vesson avait alors à peu près quarante-cinq ans.

nelier[1]. Mais il jouissait d'une certaine réputation, et par suite d'une certaine influence ; il avait assisté, en 1716 et en 1717, aux synodes de Dauphiné et de Languedoc, où, avec l'aide d'Antoine Court et de quatre autres pasteurs, il avait dressé pour les églises du désert une sorte de constitution organique. Aussi M. de Basville et M. de Bernage avaient-ils cherché à mettre la main sur lui. Vesson, il est vrai, s'était vu, un peu plus tard, déposé par un autre synode, sous prétexte qu'il entravait le rétablissement de la discipline et donnait dans le schisme[2] ; mais cette déposition, en froissant son amour-propre, n'avait fait qu'accroître son audace et resserrer les liens qui l'unissaient à ses adhérents. Dans l'état de confusion et d'anarchie où la révocation de l'édit de Nantes avait précipité les églises, chaque prédicant était devenu en quelque sorte chef d'école ; chaque ministre, chaque prophète parlant au nom de Dieu avait son parti. L'admission de Vesson parmi les Multipliants dut donc valoir à ceux-ci de nouveaux prosélytes. Ils accoururent de la Vaunage, et, bien qu'il ne soit guère possible d'en fixer le nombre,

[1] Au milieu de la désorganisation où se trouvaient les églises protestantes, il était naturel qu'il y eût peu de ministres lettrés. La plupart sortaient de la classe des artisans, et vivaient de leur travail. Huc-Mazel, qui fut arrêté et enfermé à la citadelle de Montpellier vers le même temps que Vesson, et qui, comme lui, mourut sur l'échafaud, exerçait le métier de travailleur de terre aussi bien que les fonctions de prédicant. Il ne savait encore ni lire ni écrire à quarante ans, quoiqu'il fut déjà fameux parmi les Camisards ; alors seulement il avait appris quelque chose à Genève, comme on peut le voir par les pièces de son dossier, conservées aux archives de l'ancienne intendance.

[2] Vesson fut déposé le 15 décembre 1720, dans un synode qui se tint près de Sommières. — Consulter, au sujet de ce synode et de cette déposition, un curieux article du recueil protestant *l'Évangéliste*, tome IV, page 156, sq. (1er septembre 1840). Voir aussi ce qu'en dit M. Coquerel dans son *Histoire des Églises du Désert*, I, 102.

il résulte de l'ensemble des documents qu'en moins de trois mois il s'éleva à plus de deux cents. Par une de ces variations si fréquentes dans l'histoire des sectes, ce même Vesson, qui, dans les synodes de 1716 et 1717, s'était prononcé contre les excès des inspirés[1], ne craignit pas de les partager en 1722. Il alla jusqu'à se laisser imposer les mains, le jour de Noël de cette dernière année, par les trois principaux de la compagnie, ou, selon le style des sectaires, par les trois mages, les trois *royals sacrificateurs*. Quoiqu'il se soit défendu, dans divers interrogatoires, d'avoir jamais approuvé les costumes ou les cérémonies de ces prétendus mages, il n'en est pas moins certain qu'il contracta avec eux une alliance intime, qu'il s'engagea par une promesse solennelle et écrite à demeurer auprès d'eux pour leur servir de ministre, à ne rien faire dans la *maison d'oraison* sans leur avis, à être en tout et toujours à leurs ordres, afin de les aider à porter l'*arche de vérité*. Vesson changea si bien, qu'en présence même des rigueurs de la justice il persista à croire à l'inspiration, et que la seule chose qu'il se résigna à entreprendre pour sauver sa vie fut de motiver sa croyance.

Vesson, à partir de la fête de Noël de 1722, devint, pour ainsi dire, l'âme de la secte; il en fut le prédicant et le pasteur, l'apôtre et le chef. Le serment d'obéissance prêté aux trois mages était pour la forme; en réalité, il dirigeait tout; car, sans avoir une grande culture d'esprit,

[1] L'article VII des réglements publiés par M. Coquerel est ainsi conçu : « On doit écouter la parole de Dieu comme la seule règle de notre foi, et en même temps refuser toute prétendue révélation dans laquelle nous n'avons rien qui puisse soutenir notre foi; et à cause des grands scandales qui sont arrivés de notre temps, les pasteurs sont obligés d'y veiller avec soin. » (*Hist. des Églises du Désert*, I, 55.

il paraît avoir été supérieur à ses maîtres. Aussi fut-il gravement compromis, et l'attention des juges, lors du procès, se porta-t-elle principalement sur lui. Vesson se présente presque partout en première ligne ; il est le Multipliant par excellence ; il tient dans la maison Verchand, si l'on veut me permettre cette comparaison, une place analogue, toutes réserves faites, à celle d'un directeur de couvent. De là l'immense responsabilité qui pèse sur lui ; de là vient que, dans les documents originaux, les autres membres de la secte sont effacés par lui. On ne sait rien ou presque rien sur la *damoiselle* Verchand, sinon quelle s'appelait d'abord Anne Robert, et qu'elle était la veuve d'un bourgeois de Montpellier[1] ; rien sur Antoine et André Comte, si ce n'est qu'ils étaient tous les deux fils d'un cordonnier de Lunel ; rien sur Bonissel ou Galantiny ; et néanmoins la *damoiselle* Verchand, les frères Comte et Bonissel avaient fondé la secte. N'est-il pas clair que Vesson, par sa double position de ministre et de directeur, a concentré sur sa personne tout l'intérêt des juges ?

En général, à part Vesson, qui lui-même, du reste, n'a d'importance que pour avoir coopéré, avec Antoine Court, à l'organisation des églises du désert, ces Multipliants paraissent avoir été de très-petites gens. Plusieurs femmes pouvaient parmi eux revendiquer une origine distinguée. Indépendamment de la *damoiselle* Verchand, les listes mentionnent une demoiselle de Piechagut, une demoiselle de Ramon, une demoiselle de Germain, une demoiselle de Bechard, une demoiselle de Corte ; mais on ne voit pas qu'un

[1] Une relation que j'ai entre les mains dit que le père de cette femme avait eu autrefois une maison de campagne rasée près de Sommières, pour y avoir tenu des assemblées religieuses contre les ordres du roi.

homme tant soit peu recommandable par son talent ou sa naissance se soit enrôlé sous leur bannière. La secte se composait de cerveaux brûlés et d'esprits faibles, de fanatiques enthousiastes, habitués à se repaître de rêves et de chimères. Au nombre des personnes surprises en flagrant délit d'assemblée dans la maison Verchand figure une certaine Marie Blayne, qui, selon la minute d'une lettre de M. de Bernage à M. de la Vrillière[1], « se disoit prophetesse sous le nom de Marie-Madeleine, » et dont le fils, Jacques Bourelly, âgé d'environ seize ans, trônait comme sacrificateur. Anne Gaussente, Suzanne Loubière et Jeanne Mazaurigue, qui faisaient partie de la même assemblée quand le lieutenant de la maréchaussée et le subdélégué de l'intendant se présentèrent pour instrumenter, n'avaient vraisemblablement guère plus de sens. Je ne crois pas davantage à la saine raison d'un certain Figaret, associé à ce délire d'inspiration. Bien que son nom seul soit connu, ce n'était pas assurément une forte tête.

Je viens de passer en revue les principaux sectaires. Si, après avoir épuisé cette première liste, j'entreprenais d'analyser les autres, je n'aurais qu'à reproduire mon observation. Que puis-je dire de deux ou trois cents personnes atteintes d'une même folie, sinon qu'elles ont toutes l'esprit à l'envers? Il est vraiment triste d'avoir à enregistrer de pareilles aberrations, de voir des hommes formés à l'image du Créateur détériorer et pervertir à ce point le sens religieux dans leurs âmes, de penser que ce sens religieux, qui, bien dirigé, rehausse tant le caractère, a produit chez ces mêmes hommes, par un dé-

[1] Lettre du 23 avril 1725.

plorable abus, l'anéantissement de toute personnalité; car, non seulement les sectaires dont je parle tuaient en eux l'activité individuelle, sous prétexte d'obéir à l'action divine, mais ils poussaient l'abdication d'eux-mêmes jusqu'à renoncer à leurs propres noms pour prendre des noms bibliques. Nous avons déjà remarqué que les siéges de leur temple portaient des numéros avec des étiquettes pseudonymes, et tout-à-l'heure encore nous notions incidemment l'affectation de la prophétesse Marie Blayne à se dire Marie-Madeleine. Cette pratique était générale parmi les Multipliants. Les trois sacrificateurs s'y soumirent comme le vulgaire : Antoine Comte s'appela Moïse, Bourelly Paul, Bonissel Jacob.

Immolation de la personnalité, aberration de l'esprit, caractère étrange et plébéien de la secte, voilà ce qui frappe tout d'abord dans l'affaire des Multipliants. A part quelques exceptions, ce sont en général des gens de bas étage, des artisans dénués des biens de la fortune et de l'intelligence. Vesson lui-même, leur coryphée, avait exercé le métier de tonnelier à Cros, près de Saint-Hippolyte; et si l'on s'était fait jusqu'ici une haute idée de leur science, elle serait infailliblement détruite par les pièces que nous allons produire; car il ne suffit pas de connaître la position sociale des nouveaux sectaires : il faut encore jeter un coup d'œil, comme nous l'avons dit, sur les textes qui peuvent nous édifier relativement à leur pensée morale et à leur système religieux. C'est dans cet examen surtout que vont se révéler leur infériorité et leur folie.

Le principal document à consulter pour cette seconde partie de la question, le seul qui renferme dans son ensemble la pensée morale et religieuse des Multipliants, est un mémoire rédigé par un des dignitaires de la secte, par le premier acolyte de Vesson, par le *royal sacrificateur* Galantiny. Ce mémoire a été composé dans la prison de la citadelle de Montpellier quelques jours après l'arrestation. C'est une œuvre sérieuse, réfléchie, faite avec sang-froid, où l'auteur a dû déployer tout son talent littéraire et toute sa science théologique. Il s'agissait pour lui de justifier ses frères et de se justifier lui-même ; une exposition claire et précise pouvait sauver la vie des captifs et leur culte. Le mémoire dont nous parlons est donc une autorité imposante ; on est en droit d'y chercher la formule d'un jugement sur la secte. Aussi le donnerons-nous dans son entier, en lui conservant la bizarre originalité de son style, et jusqu'à sa grossière orthographe. Il importe que l'on apprécie nettement le degré de culture intellectuelle d'un des membres les plus éminents de l'ordre prophétique au dix-huitième siècle. Ce mémoire, d'ailleurs, a été tronqué par Degrefeuille : à force de changements et de transpositions, le bon chanoine, selon sa coutume, l'a rendu méconnaissable. La restitution que nous allons en faire d'après le manuscrit équivaudra donc à une publication.

« Dieu le Pere, et le Fils, et le Saint-Esprit, par sa toute puissance, ayant institué trois innocents pour representer son adorable personne, leur enseignant comment il falloit faire faire les ornements de l'entrée de son Église triumphante ;

» Premièrement il leur a ordonné de faire une couronne et ensuite deux autres à la fois, toutes les trois ne fesant qu'une, comme trois personnes ne font qu'un seul Dieu et une seule divine essence.

» Elles sont composées de douze plumes chacune, signifiant le renouvellement de douze disciples. Ils sont de verre parce qu'ils représentent la mer de verre sur laquelle il n'y aura que ses élus. Ou les impies ne sçauroient y marcher sans le casser.

» Elle est garnie d'un taffetas blanc, qui, par sa blancheur, montre l'innocence de leur enfance; la dentelle d'alentour marque le casque d'amour et du salut, et les gances de rubans des quatre couleurs attachés à l'entour signiffient les livrées des nopces du Saint-Esprit le Dieu d'amour; les deux rubans blancs qui sont en croix au milieu signiffient le chapeau que J.-C. nous a donné pour nous couvrir sous nos pechez, étant mort sur l'arbre de la croix pour nous rachepter de toutes nos infirmités et nous ouvrir les portes du Paradis que le peché de notre premier pere nous avoit fermées, et ces trois couronnes nous sont en representation du couronnement que recevront dans le ciel les enfans de Sion.

» De plus ce sont les couronnes de gloire que Dieu nous a fait faire sur la terre en representation de celles qui nous attendent en la vie eternelle, ayant sur les chefs de ses enfans la meme vertu sur la terre, encore qu'elles soient terriennes, que celles des saints en la vie eternelle.

» Et la toille blanche qui sert de doublure au dedans, c'est la blancheur de nos ames, puisqu'il nous a dedié ses enfans pour executer ses commandements.

» Je suis au petit collet qui nous represente que nous devons avoir trois qualités, qui sont l'humilité, la soumission et l'obéissance, autrement c'est un couteau pour couper toutes les mauvaises inclinations de la chair pour entrer en l'Eglise de Sion.

» Je suis aux baudriers qui representent la bandoulière

des gardes du roy des rois au bout desquelles il y a pour clef les commandemens qu'il donna à Moïse sur la montagne de Sinaï, pour montrer qu'ils sont envoyez de Jesus Christ.

» Les quatre couleurs de rubans qui y sont representent les quatre temps et les quatre saisons qu'il a imposé au commencement du monde sur la terre, quand il créa les arbres et plantes qui sont sur icelle, pour porter la nourriture de la chair.

» Les quatre fleurs de lis attachées par dessus signifient les quatre esprits institués de luy pour travailler à son œuvre magnifique, laquelle paroît folie à l'homme.

» Et que la fleur de lis qui est attachée à la couronne de Jean Galantiny signifie la fleur de lis que J.-C. s'est reservée de toutes les fleurs qu'il a créé, et que le nom de *Misterion* qui est ecrit sur le devant sur le front c'est le mistere de la loy que J.-C. grave dans le cœur de ses vrais fideles.

» Les trois palmes que je porte à mon baudrié, ce sont les palmes que je dois recevoir dans les cieux, savoir une du Pere, l'autre du Fils et l'autre du Saint-Esprit. Et les chapelets qui sont attachez au long representent les vierges qui doivent estre au residu de Sion. Et les cannes representent la nouvelle Canaan.

» La robe blanche signifie la robe de l'epoux, qui est J.-C., qui envoye son esprit sur toute chair pour rendre son Eglise d'humiliante triomphante, epour epouser ses enfans bien-aimés qui quittent les plaisirs du monde pour suivre la vérité.

» Les palmes, ce sont les armes qu'il donne à ses enfans pour combattre leurs ennemis dans la terre de Canaan, leur etant deffendu de la part de Dieu d'en avoir autres que ceux-là pour emporter la victoire du combat, qui se doit adresser contre eux pour les detourner de la loy du Seigneur, deffense leur etant faite de la part de Dieu leur maître, que s'ils font autrement ils seront bannis de la nopce de Canaan et excommuniés de ne plus entrer dans la maison où il se doit prescher la verité, si l'on veut remettre l'arche avec ses lingots d'or et d'argent qui estoient dedans pour faire travailler ses enfans qui n'ont d'autres desirs que de faire la volonté de J.-C., dont il est leur architecte, leur souverain et leur maître. C'est le temps où vous devez penser de ne pas faire des trois enfans hebreux, que pour prier Dieu vous les avez mis en esclave et dechirer leurs pavillons en ostant la veuve de sa maison pour avoir fait du bien aux pauvres et aux domestiques de la loy de J.-C. En prison vous l'avez mises pour estre oprobre à ses ennemis, et ses biens entre vos mains sont mis pour faire voir votre charité que vous avez sur les veuves et orphelins qui n'ont pour ami que le Dieu souverain. Mais nous esperons que vous serez charitables, et que vous aurez pitié d'elle et de nous, en nous faisant rentrer au-dedans la maison d'oraison que le Seigneur nous a donné pour le prier en esprit et en verité. Vos charges prospereront, et vos biens au double produiront, et or et argent rouleront au dedans de la France, si on laisse en liberté les enfans de Dieu prier. Autrement il n'y aura en la France que peines et tourments sur la terre; guerre et famine regnera et peste cruelle, si, par la prière, les enfants de Dieu n'arrestent sa colère. Les pavillons se redresseront pour appeler toute nation, soit juifs, turcs, payens ou autres qui viendront reconnoître la fille de Sion, que c'est la verité. Recevant le bapteme de raison, qui est le bapteme de repentance, et etant faits chrestiens, apporteront ici en France une partie de leurs biens ; et alors les coffres du roy d'or et argent se rempliront, si on remet l'arche avec ses tresors qu'on a enlevé dans la maison d'oraison.

» La chaire represente, ou elle est plantée, la montagne d'Oreb, la montagne des Oliviers et la montagne de l'Eternel.

» La tente où il y avoit un écrit à l'entour representoit la tente sous laquelle Dieu va mettre tous ses enfans qui voudront estre des nosces de Canaan, et qui voudront se renouveller de nouveau pour venir comme l'enfant du berceau.

» La couronne de fleurs de lis du milieu elle represente les trois couronnes de ses enfans jointes en une seule, comme il y a trente-six fleurs de lis, ainsi qu'aux trois couronnes il y a trente-six plumes.

» Les bonnets des enfans garnis de taffetas blanc avec un plumet, c'est pour representer la naissance et de devenir un enfant pour posseder la couronne qui leur etoit presentée. Ils étoient ordonnés et preparés pour sortir à la feste de la Noel dernier, croyant que nous aurions ce jour là la liberté, quoyque le Seigneur avoit dit par la bouche de Solfa [1] que nous ne sortirions pas ce jour là, nous ayant ordonné d'autres choses que nous n'avions pas executées qui ne furent pas preparés, et d'autres par le nombre d'enfans qu'il faloit nous manquoit.

» Les etoilles qui etoient attachées à la tente pour marquer que c'estoit les nouveaux cieux.

[1] Autre surnom d'Antoine Comte. Vesson portait également celui de *Solmifa*. Il m'a été impossible de découvrir à quoi ils faisaient l'un et l'autre allusion. Ne serait-ce pas au chant qui avait lieu durant les assemblées et qui devait faire une partie des frais de la procession projetée ?

» Le prix en signe de representation de la victoire de nos pechez ayant renoncé au Satan, au monde et à tout ce qui regarde le monde pour prier Dieu. Et ensuite pour faire la sortie[1] dont il auroit marché le premier, la fille de la maison à la teste des petites filles, la mere à la teste des veuves, Paul à la teste des petits enfans, avec son drapeau blanc.

» Et Jacob avec le rouge à la teste des pasteurs, et Moïse avec le vert, où il y a les commandemens qui sont ecrits par dessus le taffetas, à la teste de tous devoit marcher.

» Les tambours furent ordonnés pour faire cette sortie ou un auroit marché devant et l'autre auroit esté au milieu ou derrière, ce qui auroit fait l'armée celeste de petits enfans qui n'auroient fait que prier Dieu, chantant pseaumes et cantiques.

» Et le lavoir c'estoit pour oster la souillure du visage, des mains et des pieds, pour marque du signe que le Seigneur leur laveroit le dedans par sa sainte grace, pourveu qu'ils prissent les choses bien en foy, autrement les incredules etoient rejettés, et ne pouvoient passer par le lavoir sans qu'ils n'eussent jeunés, ni au bapteme non plus. Et ensuite qu'ils avoient receu cela je les ecrivois au livre de vie, ou ils donnoient leurs cœurs et leurs ames à Dieu.

» Les trois drapeaux, le blanc represente le Pere, le rouge le Fils, et le vert le Saint-Esprit.

» Les autres quatre qui font le nombre de sept representent les sept esprits.

[1] La sortie, c'est-à-dire la procession. Les détails que l'auteur du mémoire donne sur cette procession attestent que les Multipliants avaient à cœur cette cérémonie publique.

» Les quatre guidons du pavillon royal representoient les quatre coins du monde.

» Le laurier etoit pour signe de la delivrance que nous aurions et attendions de nos cœurs, ayant obtenu celle de nos ames par le changement de vie que nous avons fait en abandonnant le monde et parents et amis, encore que nous priassions pour eux, et que même prions et prierons tant que nous vivrons en ce monde, etant obligez de prier les uns pour les autres, priant aussy pour notre bon roy que Dieu luy donne un bon conseil et qu'il luy accomplisse ses desirs, de meme que pour Monseigneur le duc d'Orleans et toute la famille royalle, et ensuite pour tous nos autres superieurs qui nous gouvernent.

» Le petit coffret qui etoit sous le pavillon royal où il y avoit les billets, et l'eau-de-vie qui se donnoit à ceux qui se presentoient au bapteme de repentance, lequel ne leur en coutoit rien, representoit la fontaine des eaux saillantes en vie eternelle pour abreuver les ames qui avoient soif et les rassasioient du pain des anges qui est sa sainte et divine parolle.

» La verge de fer represente la verge de Dieu, laquelle s'appesantiroit sur nous si nous ne faisions point ce qu'il nous commande et si nous n'evitons ce qu'il nous deffend.

» De plus pour tenir en serre les enfans qui se diront à notre maitre, pour les faire marcher dans l'humilité, en la soumission et obeissance, au dedans de la France, à J.-C. notre maitre et au roy qu'il nous a donné aussy bien qu'aux autres superieurs qui par luy nous sont ordonnés d'obeir après J.-C.

» La lance de fer a esté donnée à Paul, que s'il vient à deserter elle sera remise à un autre ouvrier, representant la parolle que Dieu luy donnoit pour percer les cœurs des rochers en leur annonçant la pure vérité[1].

» Le sceptre de fer qui nous a esté donné à tous les trois represente le regne du Saint-Esprit qui vient pour tout accomplir, auquel regne il n'y aura aucun pardon pour ceux qui auront deserté de la vigne du Seigneur et des sentiers que Jacob et Jean a preparés en administrant le bapteme de repentance de la part de son maitre qui l'a loué pour travailler à son œuvre magnifeste, disant au peuple de se repentir, ou bien entierement perir; c'est-à-dire à celuy ou à celle qui venoit se presenter au lavoir mistique pour se faire laver par les envoyez de Dieu le Pere, Fils et Saint-Esprit, leur donnant d'autres bonnes leçons en redarguant les malfaiteurs, les rejettants de son saint lieu.

» La lampe de sept lumignons represente les chandeliers de Salomon qui se sont allumés dans la maison d'oraison, que tous les soirs nous allumions jusques à minuit pour representer les nosces de J.-C. et de la nouvelle Canaan ou il veut mettre ses enfans.

» Et à nous trois il est ordonné de jeuner le jeudy et le dimanche en prieres et oraisons pour obtenir bientot la delivrance de Sion. Je finis en ce moment au nom du Pere et du Fils et du Saint-Esprit. Amen. »

Ici s'arrête le mémoire de Bonissel. Je l'ai reproduit fidèlement, afin de mieux caractériser son auteur et la secte tout entière. Sans perdre le temps à recueillir dans cet amas

[1] Pour comprendre ce passage, il faut savoir que Paul (Bourelly) fut sur le point d'abjurer dans la prison. Ce furent les conseils de Jacob (Bonissel) qui le confirmèrent dans sa foi.

d'extravagances les traits au moyen desquels on pourrait compléter la description déjà si longue de l'ameublement de la maison Verchand, je me bornerai à quelques remarques. Il est incontestable d'abord que les Multipliants respectaient l'ordre de choses établi. Ce ne sont plus, comme les Camisards, des rebelles défendant par le glaive *le culte des enfants de Dieu* ; ce sont des sujets soumis, qui, après avoir vainement essayé de faire une procession pour la prospérité du roi et de l'état, témoignent encore de leur fidélité et déclarent la révolte illégitime. Avec les mêmes écarts religieux, il y a en eux une raison politique plus mûre et plus expérimentée. Ces écarts ensuite s'allient dans la nouvelle secte à des convictions réelles et à de véritables dogmes. Les Multipliants sont un rameau du protestantisme. On trouva dans la maison Verchand un livre intitulé : *Registre des baptêmes de la nouvelle création du monde, du second avénement de J.-C. par son Esprit*. Ce livre contenait le nom de deux cent vingt-sept personnes qu'ils avaient baptisées, ou plutôt rebaptisées à leur manière; car ils ne baptisaient que les adultes. Aussi appelaient-ils leur baptême un *baptême de repentance*. Le catéchumène était lavé par un des sacrificateurs, à la tête, aux mains et aux pieds, après quoi il entrait dans l'un des trois pavillons en forme de pyramide, où il prêtait le serment suivant : « En présence de l'assemblée, tel ou telle promet ici, par jurement sur l'Évangile, de désormais oublier tout le passé, et d'être attempéré et vigilant, modéré et docile, se soumettant toujours à la charité avec le secours du ciel. » Ce serment une fois prêté, le sacrificateur inscrivait le néophyte sur le livre de vie, et lui délivrait un certificat conçu en ces termes : « Un tel est écrit par un tel sacrificateur au livre de vie de saint Pierre, qui est le vieux et le nouveau

Testament, aux chapitres X, XI et XII de Sapience de Salomon. »

Il y avait aussi un *Registre des mariages de la nouvelle création du règne de J.-C., de son second avénement par son Saint Esprit.* On distinguait dans ce registre le procès-verbal d'un mariage de la veuve Verchand avec Bonissel; on y lisait également que la prétendue prophétesse Marie Blayne avait épousé, selon le cérémonial de la secte, le sacrificateur Antoine Comte, c'est-à-dire qu'à la suite de trois bans publiés pendant trois dimanches consécutifs, le ministre Vesson avait donné à son confrère et à sa fiancée *l'huile de liesse*[1].

Vesson ne faisait pas seulement des mariages; d'après plusieurs documents authentiques et différentes dépositions consignées dans les interrogatoires, il célébrait la cène[2]. Les Multipliants étaient donc une secte protestante, qui, marchant sur les traces des fanatiques du XVIIe siècle, avait pris un cachet particulier. Parmi eux, comme parmi les rebelles de la montagne, l'inspiration prophétique joue un grand rôle; en parcourant les lambeaux de leurs

[1] Il ne paraît pas que ce soit Bonissel qui ait fait les mariages, comme le dit Degrefeuille, mais plutôt Vesson. La minute d'une lettre de M. de Bernage adressée à M. de la Vrillière le 7 avril 1723, contient ceci textuellement : « Je ne vous ai point envoyé copie des derniers interrogatoires que j'ai faits et fait faire, parce que vous n'y auriez rien vu de nouveau, sinon que Besson a avoué avoir fait un mariage d'un nommé Antoine Comte, l'un de ceux qu'ils appeloient sacrificateurs, avec la nommée Marie-Magdeleine Blayne, qu'ils qualifioient de prophétesse, lesquels sont convenus aussi de ce mariage solennement fait et consommé. »

[2] « Quelques-uns des accusés ont avoué que Besson y avoit donné la cène. Ainsi il n'est pas douteux qu'ils y faisoient toutes les fonctions de ministre. » (Minute de la lettre de M. de Bernage précitée.) — Il résulte d'une autre lettre du 8 mars 1723 que les Multipliants employaient pour la cène de l'eau-de-vie, du vin et de l'eau, en l'honneur des trois personnes de la Trinité divine.

écrits on croirait lire certains fragments du *Théâtre sacré des Cevennes.*

« Dieu m'a fait voir, dit quelque part la femme Verchand, la parole magnifique, en présence de quatre témoins ; j'ai vu une clarté et une étoile, et le fil d'or, et, dans une autre plus grande clarté, j'ai vu une corde d'or, et une colombe, et le fruit de vie. Pierre Felis, Pierre Portalez, Suson Guerine, sont témoins que j'ai vu le palais de gloire, le 8 septembre 1722. »

On n'a pas oublié la vision que cette même femme avait eue précédemment dans les Cevennes, non loin de Saint-André-de-Valborgne, et à laquelle se rapporte l'organisation de la secte. Bien que Degrefeuille ne dise rien de cette vision, elle n'en figure pas moins dans les pièces de la procédure. Nous avons déjà surpris Degrefeuille en flagrant délit de contrefaçon ; il n'est pas non plus toujours complet. Au sujet de la prétendue inspiration des sectaires, il a négligé les morceaux les plus saillants, et, pour les phrases qu'il a citées, il ne s'est fait aucun scrupule de changer l'orthographe, comme si les vices mêmes de l'écriture ne constituaient pas des circonstances caractéristiques. La vision omise par Degrefeuille a une importance réelle; elle donne comme première base à la nouvelle secte l'inspiration. Les Multipliants sont de vrais fanatiques, dans le sens étymologique du mot, et ils descendent en ligne droite des fanatiques des Cevennes. Degrefeuille n'a pas assez compris cela, et voilà sans doute pourquoi il a passé si légèrement sur les textes. S'il s'était rendu un compte exact des rapports de filiation qui unissent les deux sectes, il aurait probablement senti le besoin de les mettre en évidence. La chose valait la peine d'être établie; car on s'imagine en général que les écoles de prophètes ont cessé immédiatement après la guerre des Camisards. C'est là une opinion fausse; quelques preuves suffiront pour le démontrer. Voici d'abord un fragment que j'ai découvert parmi les autographes des Multipliants annexés à la procédure, et où se révèle d'une manière incontestable la croyance à l'inspiration. Ce fragment a été écrit au verso d'une liste par une main peu exercée; il est daté du jeudi saint, sans indication d'année; mais il se rapporte à l'année 1722, comme il est facile de s'en convaincre en en comparant l'écriture avec celle de la liste en question. Je vais le citer littéralement, afin de donner une idée de la science grammaticale des adeptes; je n'y introduirai que des points et des virgules, de peur qu'on ne m'accuse de publier tout-à-fait une énigme. C'est l'Esprit Saint qui est censé parler :

« Du jeudy saint. Jadocte (j'adopte?), mes enfans, tous ceux quy me voudront suivre, par lordre que je lay comanderay. Vous qui vous etes de la maison, attirés vous la paix e la benediction. Je vous adocte les premiers, pourquoy je vous ay mis dans mon parvis............................ ..... Vous que vous etes icy, travaillés dans mon parvis, parce que je vous ay loués. Voicy le temps que je vous viens payer; je vous fais la promesse, je suis homme pour lattendre et non point pour vous abuser. Tenés vous en mes promesses; je ne suis pas homme a manty ny fils de l'homme a me repentir. Jassure cette maison, et je la benis a fons et tous ceux quy y habiteron. A la suitte du temps vous verés quy sont tous mes commandemants. »

Voici une lettre non moins curieuse, signée Bertrau, homme ou femme, peu importe, où se révèle la même croyance à l'inspiration ; je l'ai copiée exactement sur l'autographe.

« Ce 22 septembre 1722.

» Mademoiselle, pencés a vous a cé qué les choses savancent au reigne de Jesus Christ a la nouvelle arche qué le Seigneur fait batir, qué cé qué vous avéz receu il le faut donner, qué lé Seigneur vous lé demande, parcé qué lé temps est veneu dé rendre ses comptes, dit le Seigneur, quil est le temps de la restitution ; pencés en vous meme de nacuser personne quy vous envoye cecy quy est le Saint Esprit, dit le Seigneur. Vous navéz pas besoin de vous cacher de personne de la terre, car c'est moy meme qué jé vous envoye ; prenéz cecy en foy et en reconnoissance de la loy qué vous defenissiez en Jesus Christ, et qué vous ne pensiez en autre chose. — Pour la veuve De pon. Le Seigneur vous envoye presentement de noublier point ces enfans et de leur envoyer ce quy sera de vostre volonté soit dargent ou du bled, parcequil faut aider a soutenir larche mistique, qué bienhureux sera quy aydera a sés ouvriers qu'il paye en ciel et en terre, qué c'est a presant qué la piété de la veuve sera conüe. La veuve de Bertran, cest icy l'hore qué lé Seigneur fait sa demende, afin qué vous aydiez a soutenir larche pour les œuvres de Jesus Christ, pour ayder aux vignerons quy y sont, qué cest a presant qué vous fassiéz vos efors a donner a vostre volonté. Pour la veuve Metre de Lort, lé Seigneur vous envoye cet petit billet pour vous faire souvenir dés enfans de Jesus Christ quy vous demandent qué vous vous dispausiéz de donner cent livres en bled ou en argent, et vous meme le porteréz sil est dé vostre volonté à la maison de Mademoiselle dé

Verchand a Montpeiller, parcéquelle le doibt distribuër a sés enfans quy travaillent a larche mistique, qu'il nomme sés vignerons. Aprenéz que c'est par la voix de Jesus-Chrit quy vous envoyë ceci; c'est a vous a prendre la-dessus vos mesures. BERTRAN[1]. »

Les Multipliants admettaient donc l'inspiration comme base de leurs rêveries, on ne saurait le révoquer en doute, et par là ils se rattachaient aux fanatiques des Cevennes. La lettre que nous venons de rapporter prouve de plus que les nouveaux prophètes ne s'oubliaient pas tout-à-fait pour ce qui est de la vie matérielle, et qu'en travaillant à la vigne du Seigneur ou à l'arche mystique, ils travaillaient aussi pour eux-mêmes. Elle établit en outre qu'ils avaient des relations hors de Montpellier. J'ignore quel pays habitait la veuve de Pon ; mais la veuve Delort habitait vraisemblablement Lunel. L'autorité, mise sur la trace de sa famille par certaines révélations, trouva dans la maison d'un bourgeois de Lunel ainsi nommé une petite chambre ornée à peu près comme celles de la Verchand. On arrêta dans la même ville plusieurs parents des frères Comte affiliés aux Multipliants ; et de découverte en découverte on finit par savoir que la secte avait pris naissance à Lunel, d'où elle avait ensuite et presque aussitôt envahi Montpellier[2].

[1] Au bas de cette lettre se lisent les noms de plusieurs personnes de la ville, qui appartenaient à la secte.

[2] La minute d'une lettre de M. de Bernage au cardinal Dubois, datée du 25 mars 1723, porte ceci : « Je rends compte aujourd'hui à M. de la Vrillière d'une nouvelle découverte que j'ai faite à Lunel, par la dénonciation qu'un des prisonniers qui sont ici (à la citadelle de Montpellier) a faite dans son interrogatoire, de trois hommes, dont l'un est frère d'un de ceux qui sont arrêtés et qui

D'autres pièces en assez grand nombre constatent d'une manière non moins péremptoire l'existence de rapports du même genre entre les Multipliants et les protestants d'Alais. Telles sont, par exemple, vingt et une lettres conservées dans le dossier de la procédure et écrites de cette dernière ville par le pasteur Duplan à la femme Verchand [1]. Ces lettres, en général très-remarquables au point de vue du style et du sentiment religieux, portent pour toute signature *Moïse* ou *Benjamin*, quelquefois même seulement la première moitié de ce dernier nom. On s'aperçoit, en les parcourant, que l'auteur est bien renseigné sur les affaires de la secte. Il connaît ce qui s'y passe, il s'intéresse aux

venoient chez la veuve Verchand faire les mêmes fonctions que les autres. On a trouvé dans la maison du nommé Delort, l'un de ces trois, une petite chambre ornée à peu près comme celle de la Verchant, où ils faisoient vraisemblablement les mêmes cérémonies. » — La minute d'une autre lettre, écrite le même jour au marquis de la Vrillière, complète ces renseignements. M. de Bernage y dit, en parlant du nommé Comte, « plus dangereux, à ce qu'on prétend, que les deux qui sont prisonniers, » qu'il a été pris avec un autre de ses frères et avec son père. « On a manqué les deux autres, dont l'un s'appelle Delort, bourgeois du lieu, et l'autre Redonnel, marchand épicier. Mais on trouva chez Delort ses deux filles avec les deux Comte frères, dans une petite chambre qui étoit presque ornée comme celle de la maison de la veuve Verchant, c'est à dire qu'il y avoit une chaise ordinaire élevée qui servoit pour le presche et sur laquelle estoient des écriteaux qui en marquoient l'usage, un plafond de toile blanche semé d'étoiles, quelques étendarts et billets à la façon de ceux qui estoient chez la Verchant, et même qui paroissent avoir été griffonnés par Antoine Comte. On voit par cette dernière découverte que ce nouveau fanatisme auroit pu s'étendre plus loin. Car il n'y a pas lieu de douter que de Lunel, d'où les nommés Comte l'avoient porté à Montpellier, ils ne l'eussent bientôt porté aussi dans la ville de Nismes qui n'en est pas plus éloignée, et qui est encore plus remplie de religionnaires mal intentionnés. » — La minute d'une troisième lettre écrite un mois plus tard (23 avril 1723) par M. de Bernage parle de six sectaires qui auraient été arrêtés à Lunel, indépendamment des treize surpris à Montpellier dans la maison Verchand. (*Archives de l'ancienne intendance.*)

[1] L'adresse de ces lettres est ainsi conçue : « A mademoiselle de Verchand, au Puy du Temple, devant M. Couve, marchand de laine, à Montpellier. »

membres qui la composent, il y parle à découvert et sans le moindre déguisement du désir qu'il a de voir arriver enfin le *règne de Dieu* et la chute de l'*antique Babylone*. Nous n'avons pas la correspondance de la femme Verchand; mais un griffonnage tracé sur un papier qui a servi à essayer des plumes, et qui lui appartenait vraisemblablement[1], tend à prouver que la mère des nouveaux prophètes associait son ami aux faveurs de l'inspiration. On y lit distinctement ces paroles sympathiques, dont le ton paraît lutter de bizarrerie avec l'orthographe :

« Benjamin, tu tardes; si tu ne viens poin quand je tesppere, la porte sera fermee. Vien don puisque je tapelle, quite parans e amis pour fere mon comandemant. Si tu le fes, je te peiere tes penes que tu a fet pour moi. Viens diligenmant, viens porter la bonne nouvelle a tes freres e a tes seurs. Tu seras mon metre dotel, je suis ton dieu de verite, e je te quite en ces parolles : remarque les parolles que je tenvoie. »

Duplan se rendit-il à l'invitation? Je n'ai pu le découvrir; mais ce billet ne laisse pas de doute sur ses liaisons avec les Multipliants. La minute d'une lettre de M. de Bernage à M. de la Vrillière, à la date du 16 avril 1723, nous apprend d'ailleurs qu'il s'absenta d'Alais le jour où se répandit dans cette ville la nouvelle de l'arrestation des sectaires de Montpellier. Il se retira à Nimes, d'où l'on croit qu'il passa à Genève. Pourquoi cette absence ou plutôt cette fuite, si Duplan n'avait eu conscience de sa complicité, s'il n'avait craint de tomber lui-même, en

[1] Je dis *vraisemblablement*, car le papier dont je parle se trouve dans la liasse en tête des lettres de Duplan, et, en comparant les écritures, j'ai cru reconnaître la main de la femme Verchand.

vertu de certaines révélations, au pouvoir de la justice?

Il me serait facile d'ajouter à ces témoignages. Quand le prédicant Huc Mazel fut surpris dans l'exercice de ses fonctions à Saint-Paul-de-Lacoste, l'autorité se préoccupa surtout de ses rapports avec Vesson, et Mazel, espérant sauver par là ses propres intérêts, protesta avec insistance qu'il ne croyait pas aux inspirations des prétendus prophètes, preuve irréfragable de la conviction qu'avaient les juges d'une recrudescence de la fièvre prophétique [1]. Cette recrudescence est un fait important, un fait d'autant plus curieux qu'il n'a pas encore été remarqué. On a cru jusqu'ici qu'à la suite de la guerre des Camisards les derniers représentants des prophètes s'étaient retirés en Angleterre et en Hollande, et qu'aucun débris des grandes écoles de fanatisme n'avait survécu en France à Louis XIV. L'apparition des Multipliants en plein dix-huitième siècle donne une sorte de démenti au préjugé. Les textes sont formels; il est impossible de méconnaître, dans les fragments que nous venons de publier, les traditions des anciennes écoles de prophètes, et si un plus ample examen était nécessaire, on verrait partout, dans les écrits de la secte dont nous parlons, les mêmes souvenirs, la même croyance à l'inspiration. Il n'est pas un monument de cette secte où le Saint-Esprit n'intervienne pour couvrir de son ombre fatidique les plus bizarres hallucinations. A chaque page, à chaque phrase, à chaque mot figure Dieu en

[1] Ceci résulte de l'interrogatoire de Mazel. Ce prédicant alors fameux, surpris en flagrant délit de désobéissance aux lois, fut enfermé à la citadelle de Montpellier, où il se trouva en même temps que Vesson et ses adeptes, et d'où il sortit pour porter sa tête sur l'échafaud. Par une circonstance presque sans exemple, il se convertit avant de marcher au supplice, et voulut mourir catholique.

personne : « Voici ce que dit l'Esprit-Saint, voici ce que le Saint-Esprit m'ordonne de vous dire » Tel est le refrain des sectaires de Montpellier. S'agit-il d'un réglement ? il émane de l'Esprit-Saint ; d'un registre, d'une pancarte, d'une paperasse quelconque ? tout vient de l'Esprit-Saint [1]. Il n'est pas jusqu'à l'ameublement du temple où ne soit empreint le sceau de l'Esprit-Saint ; les chaises elles-mêmes sont *marquées par la voix du Saint-Esprit*. On ne saurait donc nier l'existence de certains rapports de filiation entre les Multipliants et les anciens prophètes. Il est vraisemblable que pendant qu'une partie de ces prophètes se retirait en Angleterre, où on les retrouve en 1709 organisant à Londres un corps d'armée mystique, quelques-uns moins timides se sont maintenus en France, et, quittant les montagnes, ont choisi pour asile Lunel et Montpellier. Le début d'un règne qui dans le principe avait affiché la tolérance, la débonnaireté bien connue du régent, les préoccupations de l'autorité locale attentive à préserver la province de l'invasion de la peste, tout cela les avait sans doute enhardis, et, s'ajoutant à un fanatisme énergique, les avait engagés à secouer le joug d'une longue contrainte. De là des assemblées de plus en plus nombreuses, de là la création d'oratoires dans les maisons Delort et Verchand, de là ce projet de procession, cette envie d'exer-

[1] On lit en tête d'une liste : « Tels et telles ont reçu de la part du Saint-Esprit le miel à la porte du résidu par les mains de moy Paul, que c'est la douceur que Dieu donne à ses enfans, parce qu'il veut que tous soient dociles et profitent en toutes choses. Ce 24 janvier 1723. » — Qu'est-ce que le miel dont il est ici question ? Le mot doit-il être pris au sens figuré ou littéralement ? Aucun document ne résout cette difficulté. La liste, quoi qu'il en soit, est incomplète ; elle part du numéro 151 et va jusqu'au numéro 221, que l'auteur, peu habile en calligraphie et sachant à peine former les caractères, écrit 2021.

cer publiquement dans les rues d'une grande ville un culte prohibé. Ce qu'il y a de sûr, c'est que plusieurs pièces contemporaines désignent les Multipliants par le nom de *Prophètes* et de *Prophétesses*.

Une chose pourtant, nous l'avons déjà remarqué, distingue ces nouveaux prophètes des anciens. Les prophètes des Cevennes appartenaient à un parti politique et soufflaient la révolte. Les prophètes de Lunel et de Montpellier n'offrent rien de semblable. Ils se disent les très-humbles sujets du roi et les fidèles amis de l'état. C'est pour la prospérité du roi et de l'état qu'ils prétendent faire une procession ; les fleurs-de-lis brillent dans leurs temples. On leur a reproché, il est vrai, d'avoir voulu se soustraire au paiement des impôts; on a parlé de certains billets délivrés par les sacrificateurs, et portant exemption de la taille ou de la capitation au nom du Saint-Esprit. Mais le reproche ne me paraît pas fondé, et l'autorité elle-même, qui, dans l'acte d'accusation, avait mentionné ce grief, semble l'avoir ensuite abandonné. J'ai été assez heureux pour découvrir dans le dossier de l'affaire un des billets incriminés ; il n'y est pas le moins du monde question de taille, de capitation, ni d'impôt d'aucune sorte [1]. Les Multipliants sous ce rapport, comme sous le rapport des

[1] Ce billet, qui a été trouvé sur un certain Caulet, est un petit morceau de papier moitié grand comme la main ; à son air sale et froissé, on reconnaît qu'il a dû être long-temps dans une poche d'habit. Après trois lignes de traits informes et mal rangés, on y lit ces mots, d'une écriture de commençant : « Gardez bien ce billet damour sy vous vouléz entrer dans la maison doraison ou temple de Salomon ou habitte larche mistique. » Et au-dessous, en sens inverse, est couchée la devise suivante, de la même écriture que la première légende : « Entres aux nosces de Jesus Chrit sans dificulté. Heureux sont ceux qui ressoivent cecy. » Qu'on ajoute à cela une lettre ou un numéro d'ordre, c'est là tout le billet. Il n'y

mœurs, auront probablement été victimes de la malveillance. On était si habitué à voir dans les dissidents des ennemis de l'ordre social, et les Camisards avaient tellement favorisé, par leurs excès, l'association de ces deux idées, que le vulgaire ne savait plus isoler la religion de la politique. Des hommes qui s'éloignaient du catholicisme passaient aussitôt presque nécessairement pour des rebelles. Les Multipliants payaient pour leurs pères.

Mais abrégeons. Les sectaires, après avoir attendu huit jours dans les prisons de la citadelle de Montpellier, furent jugés en vertu d'une délibération du conseil d'état [1].

a du reste aucune signature; mais il résulte d'un procès-verbal en forme de mémoire que les traits en désordre des premières lignes sont du sacrificateur Antoine Comte, qui passait auprès des sectaires pour avoir appris l'hébreu du Saint-Esprit en personne et pour écrire en cette langue, bien qu'en réalité il ne sût pas écrire du tout, et que les deux légendes françaises ont été tracées par le sacrificateur Galantiny, un peu moins ignorant que son collègue. Des billets de ce genre étaient distribués aux initiés dès qu'ils avaient reçu le baptême dit de *repentance*.

[1] Voici l'extrait des registres du conseil d'état annexé à la procédure : « Le roi étant informé que la nommée Anne Robert, veuve de Jean Verchand, ayant introduit dans sa maison, en la ville de Montpellier, les nommés Antoine Comte et André Comte, son frère, du lieu de Lunel, où ils ont fait les fonctions de prédicans dans des assemblées de nouveaux convertis qui se trouvoient dans cette maison, et qu'ils y ont fait venir le nommé Jean Besson, tonnelier du lieu de Cros, près Saint-Hippolyte, connu depuis long-temps pour prédicant dans un grand nombre d'assemblées où il s'est trouvé, qui faisoit les mêmes fonctions avec eux dans cette maison où ils ont été arrêtés par les ordres du duc de Roquelaure, le 6 de ce mois, avec le nommé Jacob Jean Galantiny du Pont de Montvert, Jacques Bourelly de Lunel, Pierre Crouzet et Pierre Figaret, ladite Anne Robert et Marguerite Verchand, sa fille, Marie Madeleine de Blaine, Suzanne Loubière, Jeanne Mazaurine et Anne Gaussente, femme d'André Cros, dans le temps que lesdits Besson, Comte et Galantiny faisoient lesdites fonctions de prédicans, même avec des cérémonies et vêtemens extraordinaires, tous lesquels accusés ont été interrogés par le sieur Loys, subdélégué par le sieur de Bernage, conseiller d'état, intendant dans la province de Languedoc ; et Sa Majesté voulant que les édits et déclarations sur le fait de la religion soient exécutés, particulièrement à

La sévérité des édits de Louis XIV, un instant oubliée, venait d'être remise en vigueur. Il y eut à peine, entre l'arrestation et le jugement, l'intervalle indispensable pour demander et recevoir les ordres de la cour. L'intendant donna avis de sa capture le 8 mars, et le 15 mars le conseil s'était déjà prononcé. Le procès fut instruit par les soins du subdélégué de M. de Bernage, qui examina l'affaire avec les officiers du présidial. A défaut de charges suffisantes, quelques-uns des prisonniers furent mis hors de cause[1]; mais on appliqua aux autres toute la rigueur des lois. Vesson, Bonissel et Antoine Comte, atteints et convaincus d'avoir exercé les fonctions de prédicant et de ministre, se virent condamnés,

l'égard des ministres qui pourroient être rentrés dans le royaume, ou de ceux qui, en faisant les mêmes fonctions par des prédications et exhortations dans des assemblées, doivent être regardés comme encore plus punissables, quoiqu'ils n'en eussent pas le caractère, et que les édits et déclarations soient pareillement exécutés à l'égard de ceux qui introduisent des assemblées dans leurs maisons et qui y assistent ; — Ouï le rapport et tout considéré, Sa Majesté étant en son conseil a ordonné et ordonne que le procès sera fait et parfait auxdits Besson, Antoine et André Comte, Galantiny, Bourelly, Crouzet, Figaret, Anne Robert, Marguerite Verchand, Marie Madeleine de Blaine, Suzanne Loubière, Jeanne Mazaurine et Anne Gaussente, sur ladite accusation, circonstances et dépendances, et à ceux qui pourroient être complices, par ledit sieur de Bernage, et par lui jugés en dernier ressort avec tel présidial qu'il voudra choisir ou appeler avec lui le nombre des gradués requis par les ordonnances, lui en attribuant à cet effet toute cour, juridiction et connoissance, et icelle interdisant à toutes les cours et autres juges, lui permettant de subdéléguer pour l'instruction et de commettre pour les fonctions de procureur du roi qui bon lui semblera. Fait au conseil d'état du roi, Sa Majesté y étant, tenu à Versailles, le 15e jour de mars 1725. *Phelippeaux.* »

[1] De ce nombre furent Pierre Crouzet, le jeune garçon dont j'ai parlé au commencement, comme ayant été surpris, à la suite d'une ablution, par les délégués de MM. de Roquelaure et de Bernage, et Marguerite Verchand, fille de la veuve de ce nom. Cette enfant, aussitôt après le procès, fut placée au couvent des religieuses de Notre-Dame d'Agde, ainsi que l'atteste une lettre de la supérieure dudit couvent, datée du 24 avril 1725.

ainsi que la prophétesse Marie Blayne, à faire amende honorable, nus et la corde au cou, avec un cierge à la main, devant la porte de la chapelle de la citadelle de Montpellier, et devant la croix de l'Esplanade de la même ville; après cette cérémonie, ils devaient être pendus. Le troisième sacrificateur, Bourelly, qui n'avait guère que seize ans, évita, à cause de son âge, l'infamie de la potence; mais il ne put se soustraire, non plus que Figaret, à l'humiliation de l'amende honorable. Il fut en outre condamné, en compagnie de ce même Figaret, d'André Comte, de François Comte, et d'un certain Baumès, sur lequel on ne sait rien, sinon qu'il avait été pris à Lunel, à servir en qualité de forçat, et à perpétuité, sur les galères du roi. Quant à la femme Verchand, on la déclara coupable d'avoir prêté sa maison à des prédicants pour y tenir des assemblées; d'avoir, de plus, assisté ces prédicants dans leurs fonctions, de même que Jeanne Mazaurigue et Suzanne Loubière, et on la condamna, en conséquence, avec ces deux dernières, à se trouver présente à l'exécution et à être ensuite rasée comme elles et enfermée pour le reste de sa vie. Anne Gaussente, dont le seul crime était d'avoir pris part aux assemblées, sans se mêler aux cérémonies de la secte, fut dispensée de l'obligation d'assister à l'exécution, mais n'en fut pas moins condamnée à être rasée et enfermée pour toujours. Il est à peine besoin d'ajouter que les biens des condamnés furent confisqués au profit du trésor, distraction préalablement faite d'un tiers réservé aux veuves ou aux enfants, et de la portion nécessaire à l'acquittement des frais de la procédure. Une disposition plus importante de l'arrêt est celle qui exigeait la démolition jusqu'aux fondements, et sans qu'on pût jamais la rebâtir, de la maison où s'assemblaient les sectaires, et qui ordonnait l'érection d'une croix au milieu du sol, sur le piédestal de laquelle serait apposée une inscription destinée à rappeler le souvenir du jugement [1].

[1] Voici le texte de l'arrêt, tel qu'il existe aux archives : « De par le roi, Louis de Bernage, chevalier, seigneur de Saint-Maurice, Vaux, Chaumont et autres lieux, conseiller d'état, intendant de justice, police et finances de la province de Languedoc. — Nous intendant..... par jugement en dernier ressort, de l'avis des officiers du présidial de Montpellier,.... avons déclaré et déclarons Jean Vesson, Jacob Bonissel et Antoine Comte atteints et convaincus d'avoir fait les principales fonctions de prédicant et de ministre dans des assemblées, spécialement dans celles qui se sont faites dans la maison d'Anne Robert, veuve de Verchand. Déclarons aussi Marie Blayne atteinte et convaincue d'avoir participé auxdites fonctions desdits Vesson, Bonissel et Comte, d'avoir fanatisé et d'être la principale motrice des assemblées. Pour réparation de quoi les avons condamnés et condamnons à faire amende honorable nus en chemise, la corde au col, tenant chacun une torche de cire ardente, du poids de deux livres, devant la porte de la chapelle de la citadelle où ils seront conduits par l'exécuteur de la haute justice, et là étant à genoux déclareront que méchamment ils ont contrevenu aux ordres de Sa Majesté sur la religion par les fonctions qu'ils ont faites, en demanderont pardon à Dieu, au roi et à la justice, et seront ensuite conduits pour faire pareille déclaration et amende honorable devant la croix de la place de l'Esplanade ; après quoi ils seront pendus et étranglés jusqu'à ce que mort s'ensuive à des potences qui seront pour cet effet dressées sur ladite place. Avons, pour les cas résultant du procès, et avoir assisté lesdits Vesson, Bonissel et Comte dans leurs fonctions aux assemblées, condamné et condamnons Jacques Bourrely et Pierre Figaret d'assister à leur exécution, après avoir aussi fait amende honorable aux lieux et en la forme ci-dessus, et à servir de forçats à perpétuité sur les galères du roi. Condamnons pareillement André Comte, François Comte et François Beaumès à servir de forçats sur lesdites galères à perpétuité. Avons déclaré et déclarons Anne Robert, Jeanne Mazaurigue et Suzanne Loubière atteintes et convaincues, savoir ladite Anne Robert d'avoir reçu dans sa maison lesdits prédicants et les assemblées, et, tant elle que les deux autres, de les avoir servis dans leurs fonctions ; pour réparation de quoi les avons condamnées à assister à l'exécution et être ensuite rasées et enfermées pour le reste de leur vie dans les prisons qui seront jugées convenables. Ordonnons, au surplus, que la maison de ladite veuve Verchand, où se sont faites lesdites assemblées, sera rasée jusqu'aux fondements sans pouvoir être réédifiée, et qu'il sera posé une croix au milieu du sol, au piédestal de laquelle il sera fait mention par une inscription du présent jugement. Et avons, pour avoir assisté auxdites assemblées, condamné Anne Gaussente à être aussi rasée et enfermée le reste de ses jours. Avons déclaré et déclarons les biens desdits J. Vesson, J. Bonissel, A Comte, F.

Cette sentence est datée du 22 avril 1723. On la mit à exécution le jour même. Vesson, Bonissel et Antoine Comte, accompagnés de Marie Blayne, firent devant la porte de la chapelle indiquée, et avec le cérémonial prescrit, l'amende honorable voulue, et furent ensuite pendus sur l'Esplanade. Les autres condamnés, après avoir assisté à l'exécution, furent envoyés, les hommes aux galères, les femmes à la tour de Constance [1]. Cette vieille tour d'Aiguesmortes, ce vénérable monument de la croisade, était devenue, par une sorte d'outrage à la mémoire du plus saint des rois, la geole ou plutôt le tombeau des religionnaires persécutés Les Multipliants allèrent s'y réunir aux victimes de l'intolérance de Louis XIV [2]. Aucun chant populaire, aucune complainte ne nous sont parvenus sur leur compte. Mais l'opposition que fit la cour à l'exé-

Comte, F. Baumès, A. Robert, J. Mazaurigue, S. Loubière et A. Gaussente, acquis et confisqués au profit du roi, distraction préalablement faite du tiers des biens pour leurs femmes et enfants, s'ils en ont. Les condamnons en outre aux dépends du procès, dont la distraction sera aussi faite sur lesdits biens..... Fait à Montpellier le 22e avril 1725. Signés : De Bernage, Bornier, De Montaigue, Chauvet, Jausserand, Rat, Rosset et Loys, subdélégué. »

[1] M. de Bernage, dans une lettre du 5 mai 1723, adressée à M. de la Vrillière et où il rend compte de l'exécution, dit avoir également envoyé à la tour de Constance une certaine Isabeau de la Vinaresse, « connue pour *prédicante fanatique*, et qui avoit été arrêtée depuis peu à Saint-André-de-Valborgne. Elle avoit déjà été enfermée sept ou huit ans à Carcassonne, et avoit recommencé son métier depuis sa sortie. » — Cette femme n'aurait-elle pas contribué aussi bien que Marie Blayne à fanatiser la *damoiselle* Verchand ? Ce texte, quoi qu'il en soit, est à ajouter à ceux qui établissent la filiation des Multipliants avec les prétendus prophètes des Cevennes.

[2] Anne Gaussente y vivait encore en 1754, comme l'indique une liste publiée par M. Coquerel (*Hist. des Églises du Désert*, I, 520). Elle avait alors soixante-seize ans. Le silence que cette liste garde sur les compagnes d'Anne Gaussente donne à croire qu'elles étaient mortes.

cution complète de l'arrêt témoigne avec quelle douleur, avec quelle secrète colère fut accueillie cette nouvelle iniquité; — iniquité morale s'entend, car pour ce qui est de l'application matérielle de la loi, il n'y avait rien à dire. La loi prononçait la peine de mort contre les prédicants, la peine des galères ou de la prison à perpétuité contre quiconque participait à des assemblées illicites. La loi était rétrograde, si l'on veut, elle se trouvait en désaccord avec l'esprit de l'époque; mais n'étant pas abrogée, elle demeurait suspendue sur la tête des réfractaires. M. de la Vrillière, dans une lettre écrite de Versailles à M. de Bernage, et datée du 2 mai 1723, approuva, au nom du duc d'Orléans et du roi, tout ce qui s'était fait à Montpellier, « espérant que cet exemple contiendroit les nouveaux convertis et les empêcheroit de tenir des assemblées *du moins aussi publiques et aussi fréquentes* ». La législation n'avait donc pas changé; si on lui permettait de sommeiller quelquefois quand les assemblées n'avaient ni fréquence ni publicité, on la réveillait de temps en temps pour ne pas la laisser tomber en désuétude et pour effrayer les indociles. Tout le monde connaît d'ailleurs la déclaration du 14 mai 1724. Ce qui avait changé, c'était l'esprit général; à mesure qu'on avançait dans le dix-huitième siècle, les idées de tolérance et de liberté gagnaient du terrain; elles se répandaient tous les jours de plus en plus, elles commençaient à pénétrer les masses, comme elles dominaient déjà l'élite de la société. Aussi n'était-ce pas sans une sorte de honte qu'on attentait aux droits sacrés de la conscience; on craignait de s'exposer par des dispositions trop rigoureuses au courroux public, on avait peur de l'opinion. Le duc d'Orléans veut bien que M. de Bernage fasse afficher l'arrêt prononcé contre les Multipliants; mais « il trouve qu'il pourroit survenir des inconvénients de faire planter une croix sur le sol de la maison de la veuve Verchand, d'autant que cela pourroit par la suite occasionner des insultes de la part des nouveaux convertis, et obliger par conséquent de faire de nouvelles poursuites, *ce qu'il est bon d'éviter autant que l'on peut* [1]. »

M. de Bernage, conformément à son arrêt du 22 avril, donna ordre de démolir la maison de la veuve Verchand [2] ; mais il ne parla plus d'y faire élever la croix prescrite. Il se garda bien de dire toutefois que c'était à cause des appréhensions de la cour. L'aveu eût été par trop naïf, et son autorité eût pu avoir à souffrir de ce mécompte, comme son amour-propre en souffrait peut-être déjà. Il allégua « que la place étoit trop petite pour y édifier une croix, qu'il verroit lorsque la maison seroit rasée où il conviendroit d'appliquer la croix et l'inscription [3] ». Et en même temps, afin d'obtenir au moins une demi-satisfaction, il proposa au duc d'Orléans de faire sculpter une croix et graver une inscription sur le mur extérieur d'une maison voisine. Mais le duc d'Orléans persista dans sa défense ; il ne voulut de croix ni à la place de la maison détruite, ni sur la muraille d'une maison voisine [4] ; et force fut à M. de Bernage de renoncer à ses prétentions en comprimant son dépit. En vain il s'ingénia pour motiver cette reculade ; les religionnaires ne furent pas dupes ; ils compri-

[1] Lettre de M. de la Vrillière à M. de Bernage (Versailles, 2 mai 1725). Archives de l'Intendance.

[2] Cette maison n'a pas été rebâtie ; l'emplacement qu'elle occupait se distingue encore parfaitement dans la rue dite des Multipliants, n° 5.

[3] Lettre de M. de Bernage à M. de la Vrillière, du 15 juin 1725. (Archives de l'Intendance.)

[4] Lettre de M. de la Vrillière à M. de Bernage, du 24 juin 1725. (*Ibid.*)

rent qu'on les craignait, ils le publièrent hautement [1], et ce bruit répandu avec impunité les vengea tant soit peu des rigueurs du pouvoir.

Ainsi finit l'affaire. Depuis lors, il n'est plus question des Multipliants; mais, comme il arrive presque toujours, le fanatisme, au lieu de s'éteindre, changea de forme. En 1745 encore, les prisons du présidial de Montpellier recevaient un Marroger de Nages et une veuve Chassefière de Générac, convaincus l'un et l'autre d'avoir organisé une nouvelle secte d'inspirés [2]. L'autorité, devenue plus sage, s'abstint cette fois de verser du sang [3]. Mais l'apparition de

[1] « Il est arrivé ce que je prévoyois par des discours dont je suis informé de quelques religionnaires qui font courir le bruit que ce n'est que par crainte d'un soulèvement qu'on ne fait pas édifier cette croix. Il est toujours bon d'être prudent, mais vous savez qu'il est encore plus dangereux de paroître timide.... » (Lettre de M. de Bernage à M. de la Vrillière, 15 juin 1725. *Ibid.*)

[2] Voir aux archives de la préfecture de Montpellier, dépôt de l'ancienne intendance, section *jugements des religionnaires*, le dossier 541 de la liasse 18. Les pièces de cette procédure y sont toutes réunies. Selon la minute d'une lettre du 26 novembre 1745, adressée par l'intendant Le Nain au comte de Saint-Florentin, Marroger « disoit qu'il étoit le Père éternel, que le Saint-Esprit lui révéloit que le mari de la nommée Chassefière reviendroit de l'autre monde, qu'il vouloit marier son fils avec la fille de cette veuve, que l'un seroit roi et l'autre reine, que tous les prêtres et les ministres seroient damnés ou brûlés, que les villes de Montpellier, de Nismes et quelques villages (Générac et Beauvoisin entre autres) seroient rasés. Il débitoit bien d'autres misères de cette espèce, dont la nommée Chassefière a souffert le spectacle dans sa maison..... » — L'interrogatoire ajoute à ces renseignements que Marroger prêchait à Nages et à Générac, chez lui et chez la veuve Chassefière, et qu'il réunissait à ses prédications un certain nombre de personnes; qu'il avait aussi des partisans à Congeniès et à Saint-Gilles. Ces nouveaux fanatiques appartenaient en général à la basse classe; Marroger lui-même était un travailleur de terre. Ils croyaient à l'inspiration, et les témoins dans leurs dépositions les appellent quelquefois *confleurs* (gonfleurs?), ce qui ne permet pas de se méprendre sur le caractère de leur enthousiasme.

[3] Les auteurs de la nouvelle secte furent confinés à Aiguesmortes; Marroger dans la tour des Masques, et la femme Chassefière dans la tour Constance. Marroger voulut s'évader au moyen d'une corde; mais il tomba dans le fossé, et resta mort sur la place.

cette nouvelle secte est un témoignage de plus en faveur de la transmission de l'esprit prophétique et de l'impuissance de la loi.

Je n'insisterai pas davantage. Je crois avoir suffisamment fait ressortir les liens qui unissaient les sectaires de Montpellier aux anciennes écoles de fanatisme. L'existence de ces liens, pour avoir été jusqu'ici généralement inaperçue, n'en est pas moins positive, et ce serait presque vouloir nier l'évidence que de se refuser à les admettre. Louis XIV avait eu beau niveler les consciences : l'esprit des prophètes, plus fort, plus persévérant que son despotisme, triompha de ses orgueilleuses prétentions. On s'était flatté de l'avoir banni à jamais ; et voilà qu'après la mort du grand roi il descend des montagnes, il s'installe au sein des villes, il semble braver le pouvoir. Et cet esprit si opiniâtre et si indomptable ne reposait pourtant que sur une folie partielle, sur une erreur passagère ! Quelle leçon pour les gouvernements !....

(*Extrait de la* Revue Catholique du Midi, *publiée à Bordeaux.*)

www.ingramcontent.com/pod-product-compliance
Ingram Content Group UK Ltd.
Pitfield, Milton Keynes, MK11 3LW, UK
UKHW021022200726
13857UKWH00004B/1532